**图书在版编目（CIP）数据**

博物馆之书 / (英) 马克文；(英) 荷兰图；傅伯宁译. -- 石家庄：河北少年儿童出版社, 2015.5
（和英童书. Think系列）

ISBN 978-7-5376-8331-9

Ⅰ. ①博… Ⅱ. ①马… ②荷… ③傅… Ⅲ. ①儿童文学－图画故事－英国－现代 Ⅳ. ①I561.85

中国版本图书馆CIP资料核字(2015)第194017号

冀图登字：03-2015-099

博物馆之书
BOWUGUAN ZHI SHU
和英童书 Think系列

[英] 珍·马克 文 [英] 理察·荷兰 图
傅伯宁 译
博物馆顾问：宋向光

总策划：周逸芬
责任编辑：闫韶瑜 孙秀银
特约编辑：程如雯 邱帼华
策划：和英文化传播有限公司 www.heryin.cn
QQ：1827334508 QQ：2389041220
出版：河北出版传媒集团
河北少年儿童出版社
（石家庄市中华南大街172号 050051）
发行：全国新华书店
印刷：北京华联印刷有限公司
版次：2015 年 5 月第 1 版
印次：2015 年 5 月第 1 次印刷
开本：789 × 1092 mm 16开 印张：3.5
书号：978-7-5376-8331-9 定价：49.80 元

**The Museum Book**
Text © 2007 Jan Mark. Illustrations © 2007
Richard Holland. Chinese translation © 2007
by Heryin Books, Inc. Chinese edition
published by arrangement with Walker Books Ltd.
through Bardon-Chinese Media Agency.
All rights reserved.

和英文化传播有限公司（Heryin Books, Inc.）
授权出版 版权所有 侵权必究

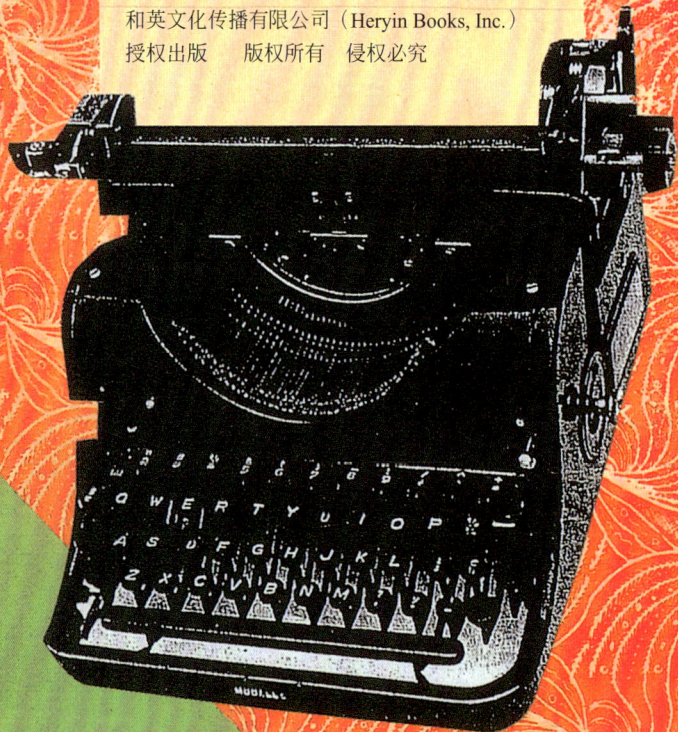

和英童书

Think 系列

# 博物馆

之书

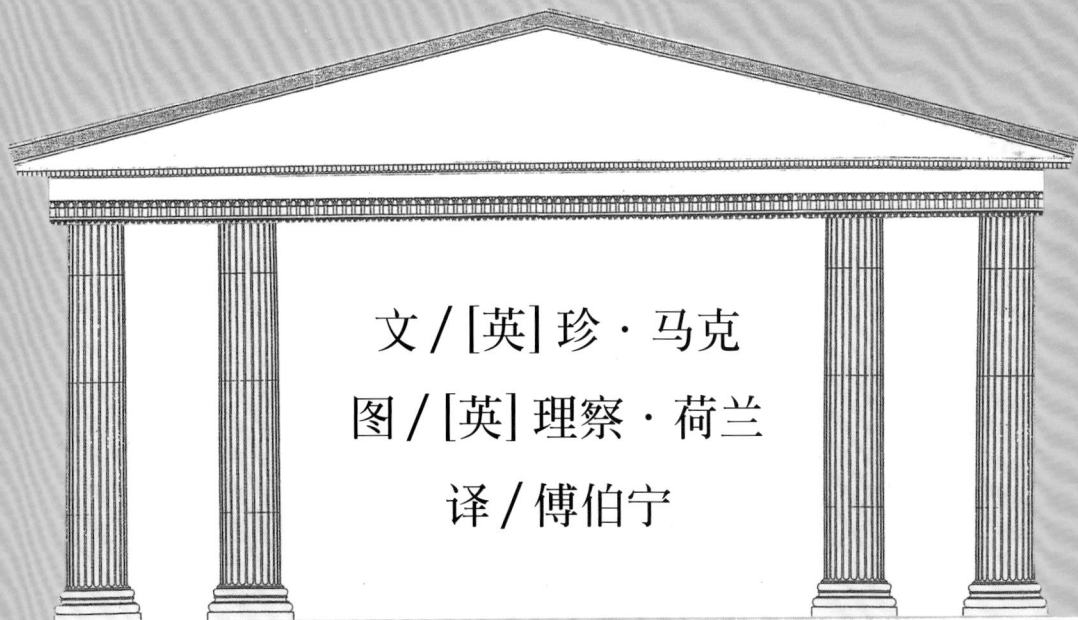

文/[英]珍·马克

图/[英]理察·荷兰

译/傅伯宁

河北出版传媒集团·河北少年儿童出版社

# 第 一 章

**走进一栋建筑，不知道这是什么地方……**

请想象：下雨了，眼前有一栋建筑，大门敞开，不收门票，你决定进去躲雨。它看起来像是古希腊的神殿。在拜神的场所，最好保持安静。

这地方不像佛教的庙，不像伊斯兰教的清真寺，也不像基督教的教堂，像是这些的综合体，但是摆设很不一样。这是旅馆吗？居然有五十个房间！房间很多，却只有一张床，一张超级豪华的床，英国伊莉莎白女王睡过。说不定，某个房间里有五十张床，但是门口被红色绒绳拦住，你只能站在门外看。沿着走廊前进，你看见一个蒸汽火车头，这里是火车站？不对，火车头下的铁轨只有几米长。然后，你看见一艘维京人的船，旁边

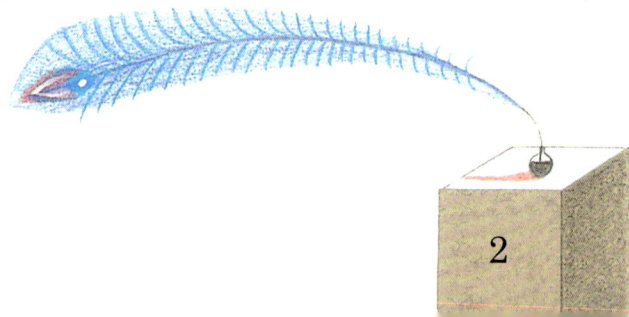

有一座印地安人的图腾柱，高耸至屋顶。四周的玻璃柜内，陈列着钻石、陨石等你从没见过的石头。从你所站的位置，可以看到隔壁房间玻璃柜里，有许多鱼标本，再过去的房间内，有许多古罗马陶器，另一个房间有鸟类，隔壁房间有狮子、长颈鹿、熊猫、鲸……

　　这里一定是动物园。

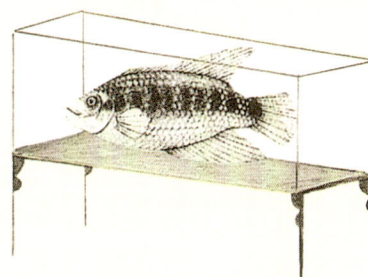

走近看，你发现那些动物都是剥制标本，它们的眼睛是玻璃珠做的。其实，有皮有毛已经不错了，角落里有些动物全身只剩骨骼，得用铁丝绑住才不会散掉。其中一只是暴龙，你可能在电视上看到过。这时候，你看见一群人，穿着一百、两百、一千、两千年前的服装，甚至不穿衣服，身上只披几片兽皮。

你想问他们："喂，这里发生了什么事？"可惜，他们不是真人，是蜡做的假人。

当蜡人已经不错了，至少他们不是剥制标本。

你往回走，想出去。你经过恐龙、鱼类和岩石，一路上看见好多其他东西。天花板吊着一架老飞机，不只是一个机翼或一个螺旋桨，而是一整架飞机。一面墙上挂着各种武器，一个盔甲人站着，还有第一次世界大战的坦克车。世界上第一部电话，放在一张桌子上。有一只双头羊。你可能对某个柜子不感兴趣，里头放了许多牙齿。俄国古代的沙皇彼得大帝，喜欢客串牙医，拔别人的牙齿来收藏，一般牙医不会把拔牙当作娱乐。

你有点儿紧张，彼得大帝该不会在附近，打你的牙齿的主意吧？他想要什么，可不会征求别人同意。你告诉自己不要紧张，仔细看，柜里的牙齿很老很老了，彼得大帝大概已经死了好几百年了（没错，他死于1725年）。你发现，这个地方所有的东西，不是古代的，就是死掉的，或者是古代就死掉的。

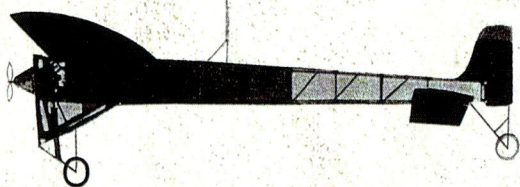

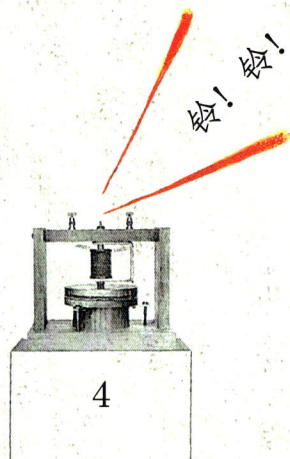

啪！啪！

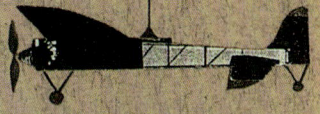

这时，一个活人向你走来（还好不是死人）。他穿着制服，制服上有识别证，上面写着"接待员"。他问你："好玩吗？"

你说："这里好多东西哦。"

他说："多？这只是一小部分，地下室还有成千上万的东西没有展示出来呢。"他想了一下，"我们一共有二十七只双头羊。"

你问："你们怎么会有双头羊？"

他说："别人捐给我们的。别的地方，绝对看不到两个头的羊、埃及法老王图坦卡蒙的木乃伊棺、最早横越大西洋的飞机、最老的火车头、最后的渡渡鸟、龙、伊斯法罕的天文观测仪（人类最古老的科学工具）、鸡皮手套、17世纪敦伦国会大厦爆炸罪犯做案时提的灯笼、杀人犯扣扳机的食指……"

你问："这到底是什么地方？"

他说："博物馆。"

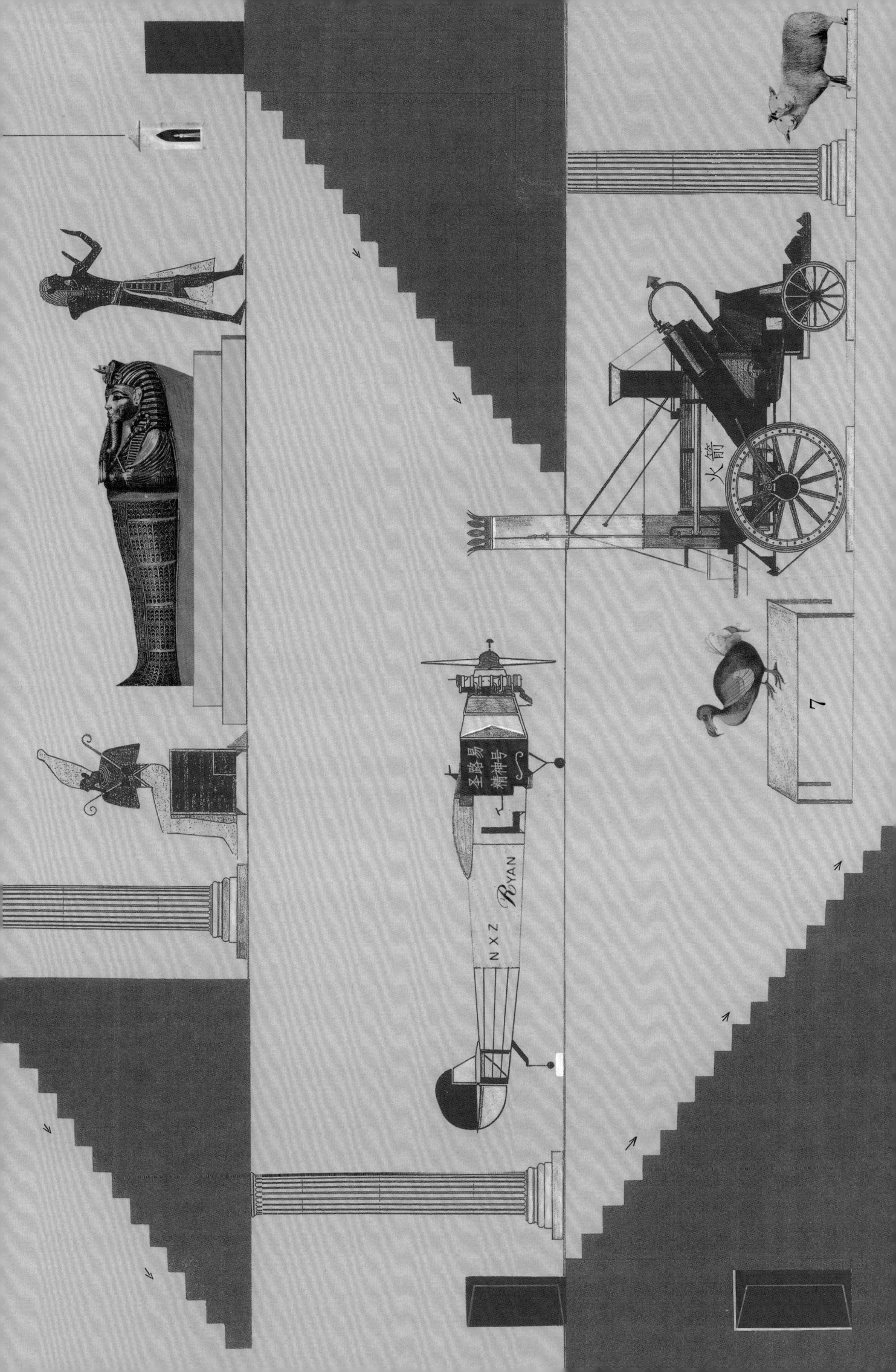

# 第 二 章

公元前550年（听起来是很久以前，实际上也是），一位贝尔莎蒂·南纳公主在古城乌尔（位于现今伊拉克境内）建了一栋博物馆，来收藏有趣的或古老的东西。当然，当时并没有"博物馆"这种名称。

语言词汇不只是有用的噪音，它能繁衍出新字词，以称呼没有名称的新事物。博物馆的英文Museum，源于希腊语 Mouseion，意思是"缪斯神殿"。博物馆是缪斯神居住的场所。

缪斯，指的是九位女神，她们又是谁呢？

这就要从时间的源头说起了。请不要提大爆炸理论，那是科学，这里谈的是神话。人类常用神话故事来解答"我们从哪里来？为什么天上有彩虹？天黑以后，太阳在哪里？为什么月亮忽大忽小，忽隐忽现？为什么天上有月亮？"等难题。

古希腊人认为，还没有众神的时候，大地之神盖亚和天空之神乌拉诺斯生下十二位泰坦神，其中六位是男神，六位是女神。男神中的时间神名叫克洛诺斯，女神中的记忆神名叫谟涅摩叙涅。后来，时间神的儿子宙斯（众神之王）和他姑姑记忆神结婚（人类觉得亲戚不能结婚，可是神不这么觉得），共度九个晚上后，生下九个女儿：克利俄、欧忒耳佩、塔利亚、墨尔波墨涅、忒耳普西科瑞、厄剌托、波吕许谟尼亚、乌剌尼亚、卡利俄佩。大概是连神都记不住这九个名字，九位女神被合称为缪斯女神。

波吕许谟尼亚

卡利俄佩

墨尔波墨涅　　　塔利亚　　　乌剌尼亚

厄剌托

忒耳普西科瑞

欧忒耳佩

克利俄

9

灵感　思想　教育　知识

现代人仍在使用缪斯（Muses）这个名字。比如说，聆听音乐，就可以说是在倾听缪斯女神的美妙天籁。

九位女神住在赫利孔山的芳草甘泉之间，各自掌管历史、音乐、喜剧、悲剧、舞蹈、诗歌、天文、口才等艺术。白天，众神在奥林匹斯山开派对，饮酒作乐，缪斯女神就去合唱助兴；夜晚，她们回到人间，人类听见她们的声音，迟钝的心灵充满创意，并在天亮后写出小说、剧本、诗歌、音乐等各种作品。如果有人问："你们的灵感是从哪儿来的？"（读者爱问作家这个问题。）他们会答："从缪斯女神那儿。"

世界上第一座博物馆是古埃及亚历山大城的大学，里面并没有古老或死亡的东西，那是一座供人学习与研究的宫殿。宫殿的主人认为，这里很适合缪斯女神居住，就称它为"缪斯神殿"。

很久很久以后，有人无意中建了第二座陈列东西的博物馆，建好之后，大家觉得，这地方更像缪斯神殿，于是借用了这名称。

# 第 三 章

　　欧洲中世纪（约公元500～1500年）的时候，许多基督徒搜集"圣物"，佩带在身上求好运（虽然他们并未明说），或是送去教堂供人膜拜。运气好的教堂拥有圣人全身，大多数教堂只能弄到一小块手指骨、膝盖、脚指甲等。运气不好的教堂，得不到圣人的身体，只好设法得到圣人用过或摸过的东西。

　　不过，圣物中有许多假货。英国作家乔叟在1387年至1400年所写的《坎特伯雷故事集》中，描写一群人前往圣祠朝圣，膜拜殉教的汤玛士·贝奇特大主教，他们在往返途中轮流讲故事。其中一个朝圣者是骗子，他

用一截猪骨头冒充圣物，高价卖掉，还说他有一片帆布来自圣彼得的渔船。这类骗子常信口开河，说一小瓶白色液体是圣母玛利亚的母乳，说几块木头来自钉耶稣的十字架。连乔叟那时代的人都质疑，如果所有号称来自十字架的木料都是真的，它们集合起来，恐怕都可以建造诺亚方舟了。

邻近法国巴黎的圣邓尼斯修道院，特别设了一个展览室，来展示他们拥有的大批圣物（说不定是真的）。游客欣赏圣物时，可能会想到，他们在旅行途中买了笔直的兽角（独角兽的独角）、龙牙、形状奇特的石头（蛇舌、蟾蜍石）等有趣的纪念品，何不也展览出来，让大家欣赏？

很多东西并不名副其实，但确实有趣而罕见，因此，人们相信这些东西具有神秘的力量。炼金术师（古代的化学家）、配药郎中（古代的药剂师）等人特别喜欢神秘的力量，炼金术师想制造长生不老的药，想把铁和铅炼成值钱的金块，虽然从未成功（不可能成功），却因而发现了许多重要的科学知识。伟大的物理学家牛顿，原本是炼金术师。

古代的药店内，充满罕见、有趣的药材，配药郎中都会充满自信地在店内天花板吊一只鳄鱼标本。架上排满干燥的植物、浸泡在瓶中的动物、珊瑚、贝壳、龟甲，以及奇怪的石头等。谁说曼陀罗草油不能治骨折？谁说蟾蜍石不能治瘟疫？鳄鱼长相奇异，必有强烈药效，所以药店和炼金术师非有一只不可。

很好笑吧？但是，多亏这些人当开路先锋，我们现在才能在西药房买到阿司匹林等解热镇痛的成药，驱除古人无法对付的病痛。

收藏家不全都是经营药店的郎中、拥有实验室的炼金术师，大多数人把有趣罕见的东西放在家中，收在精美的箱子或柜子里，这叫珍奇箱或珍奇柜。

有时候，一个柜子装不完，需要一整个房间，这就叫珍奇室。德文称这种房间为：

# *Wunderkammer*

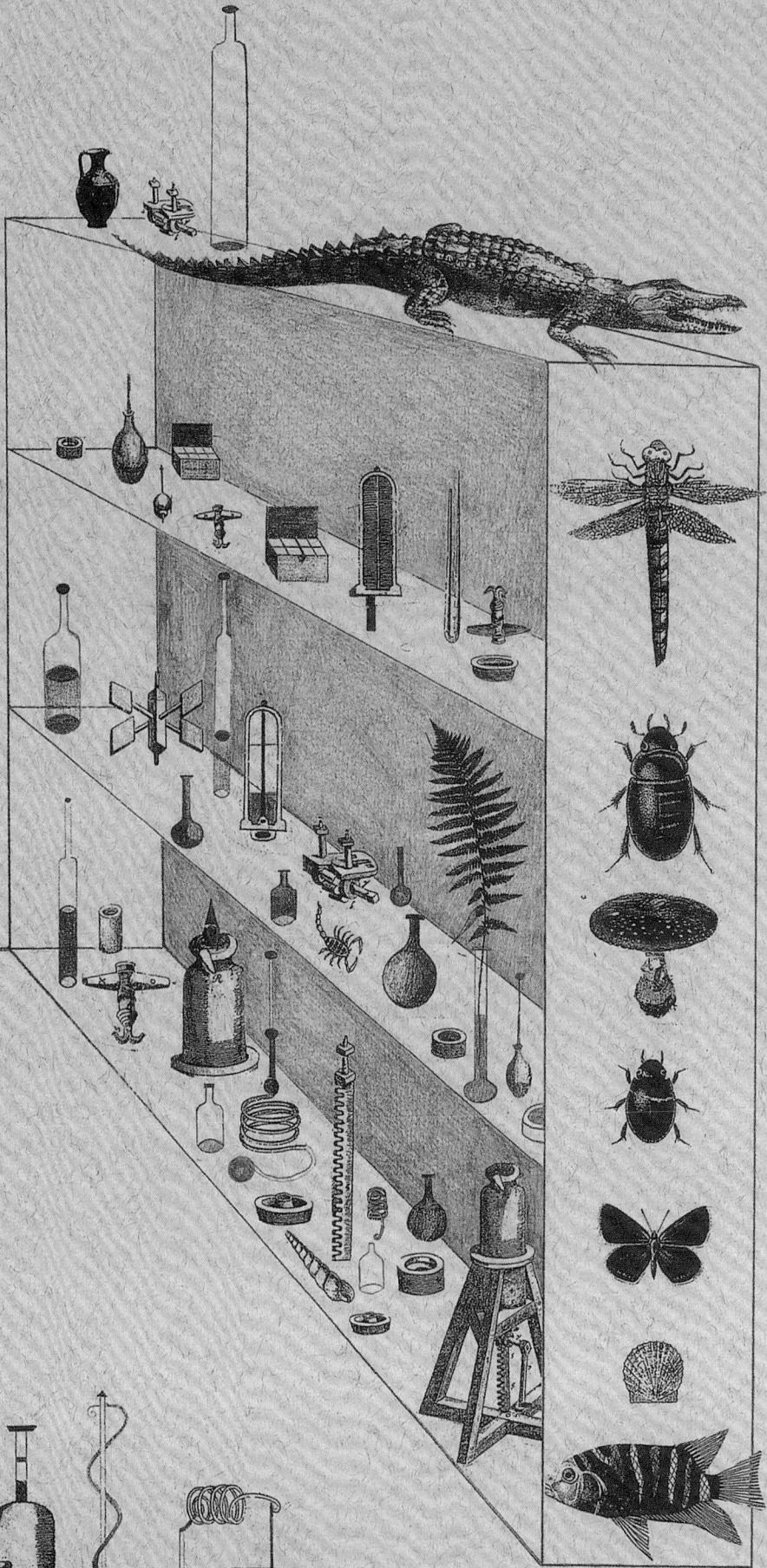
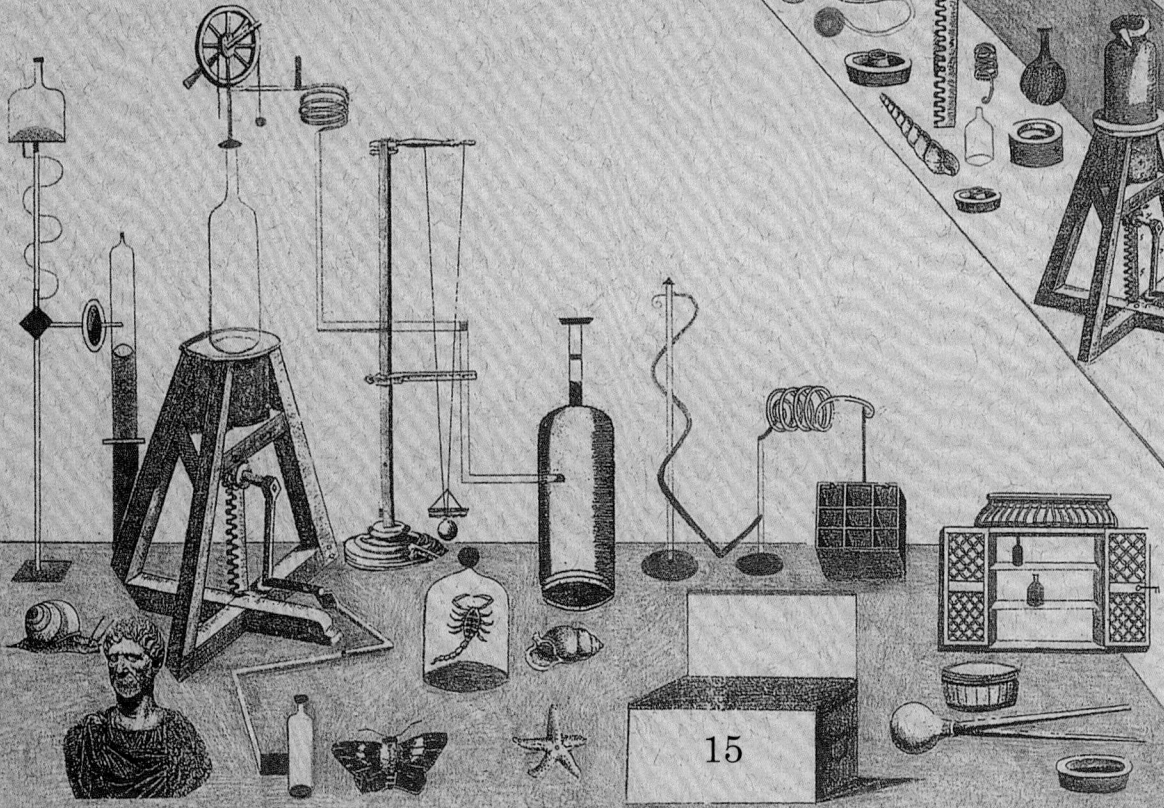

15

# 第四章

16世纪的收藏家艾卓凡提曾说："无所不知，是最大的快乐。"所有的收藏家，不管是收藏牙齿、海星、水果标签，还是棒球卡，都想拥有全套。艾卓凡提那样的人，梦想把全世界装进盒子里。他们认为，只要收集到所有的事物，便有可能了解宇宙的秘密。其实，现代人明白，已知的越多，有待研究的未知也就越多，我们永远不可能"知道所有事物"。

在艾卓凡提的时代，每位收藏家都想拥有最不寻常的珍奇箱、最令人叹服的珍奇室、最丰富的收藏品。一个世纪以后，情况失控。一般收藏家根本无法把他所有的收藏品都放进一个箱子或一个房间，除非他是国王或很有钱的人。

这种事一定发生过：收藏家的太太环顾屋内，到处是化石、蟾蜍干、珊瑚、植物、书本、龙牙、鳄鱼标本，楼梯下那个已经枯死的玩意儿，更令她毛骨悚然，她忍无可忍地大吼："弄走这些，否则我走！"收藏家稍作思考后，叫人带走他的收藏品。

弄走这些，否则我走！

收藏品越多，问题越大。一个名叫伊利斯·阿什莫林的英国人，接收了朋友约翰·崔狄生特的遗产。约翰和他爸爸都是自然学家，他们环游世界，寻找植物新品种，顺便搜集其他东西。1677年，阿什莫林把这批收藏品捐给牛津大学，条件是校方必须建一栋建筑来好好保管。1683年，座落于牛津大学校内的阿什莫林博物馆落成，这是世界上最古老的公共博物馆。

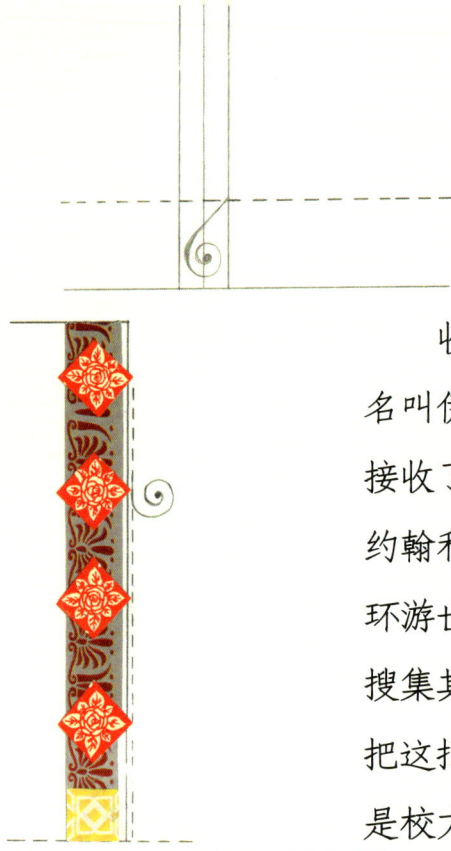

后来，该馆迁往更大的建筑，原址的房子改建为科学博物馆。一个名叫盖伊·福克斯的人企图炸掉伦敦国会大厦，他去作案途中所提的灯笼，至今保存在阿什莫林博物馆，欢迎你去看。

　　罗伯特·寇腾比阿什莫林早死几年，他把大批贵重的手稿收藏在图书馆，但是图书馆遇到火灾，毁损大半。爱德华·哈利比阿什莫林晚死几年，他用妻子继承来的财产，搜购了许多手稿、图画、珍品。但是他后来缺钱用，开始变卖收藏品。两人都没有阿什莫林幸运，无法在有生之年把收藏品放在安全的地方。

记得彼得大帝吗？他身高两米，在人群中鹤立鸡群；他聪明、精力充沛、残忍、疯狂。他在沼泽地上建造圣彼得堡城，不惜害死几千名工人，最后却因走进冰海救人而送命。

彼得大帝是一个收藏家，他搜集牙齿、鳕鱼标本等。他花钱向别人买，派人四处寻宝，甚至派图书馆员去全欧洲各大博物馆，考察自己还缺些什么。彼得大帝的好奇心非常强，跟收藏家艾卓凡提一样，想知道全天下的事。有一次，他为了建立一支海军舰队，亲自出国去学造船技术。

有人劝彼得大帝，把几千件珍品陈列在宫殿中是不够的，应该挑选一些，展示出来，让民众学习。于是，他公开展示收藏品，不收门票，还免费提供伏特加酒，以吸引游客。圣彼得堡的肯斯卡默博物馆内，有许多东西从当年保存到今天。

彼得大帝希望游客对他的博物馆叹为观止。他成功了，只是游客并没有学到什么。馆内的确有许多自然史的收藏品，比如象的标本、人的标本，两个头的羊等。但是，光用眼睛看，是看不出名堂的。举例来说，你花一整天去注视一只两个头的羊，也不会知道它为什么有两个头。

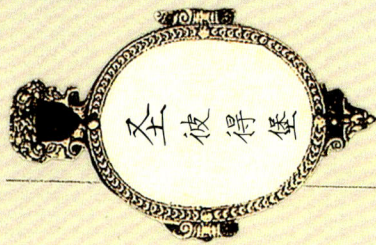

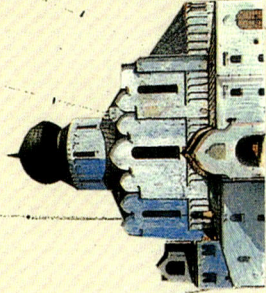

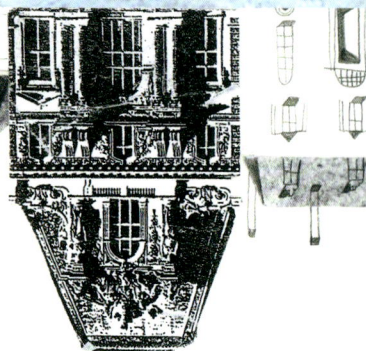

# 第 五 章

汉斯·斯隆爵士是英国历史上最重要的收藏家之一。英国政府特地发行彩券，筹一大笔钱，买下汉斯·斯隆爵士、爱德华·哈利、罗伯特·寇腾等人的手稿、古物等，并于1759年把所有收藏品集中在一栋号称"阿什莫林博物馆第二"的建筑中，这就是大英博物馆的由来。

19世纪时，大英博物馆改建成现在的样子：正面有如希腊神殿。包括改建后的阿什莫林博物馆在内，许多欧洲的博物馆都是这个样子。当时的设计师觉得，建成希腊神殿的风格，才符合缪斯神殿的典故。

英国有两千五百多座博物馆，美国至少有一万五千座。有些博物馆，不像你印象中的博物馆，比如伦敦的英国皇家植物园、悉尼的悉尼植物园等，收藏的是活的植物。同理，动物园也是博物馆，它收藏活的动物。事实上，"动物园"是"动物

德雷肯霍尔博物馆　　　　　　　　　　伦敦塔

学公园"的简称，"动物学"是"有关动物的知识"的意思。

　　有些建筑物本身就是古董，因而成了博物馆：英国伦敦的雷顿旧宅，是维多利亚时代的画家雷顿爵士当年所住，他把他的房子装潢成伊斯兰教艺术风格；比利时伊普利斯的德雷肯霍尔博物馆，前身是纺织大楼，曾毁于第一次世界大战，后来依原貌重建，如今是战争博物馆；美国纽约的克莱斯勒大楼，是20世纪30年代装饰艺术的杰作；加拿大安大略省的高得瑞奇监狱，以其全景式建筑的独特造型而闻名；英国伦敦的伦敦塔是博物馆，土耳其伊斯坦布尔的托普卡帕皇宫也是；法国大革命后，新政府把皇宫改建为博物馆，让民众免费欣赏过去国王曾拥有、如今是国家财产的珍宝，这就是卢浮宫。

托普卡帕皇宫　　　　　英国皇家植物园　　　　　克莱斯勒大楼

一个乡镇或一座城市，也可能成为博物馆。希腊的首都雅典、意大利的首都罗马，除了高速公路和高楼大厦外，还有许多屹立几千年的伟大建筑。意大利北部的威尼斯，不仅有居民安居乐业，更有数以百万计的各国观光客去拜访这座美丽的老城。威尼斯建在潟湖上，它没有街道，只有运河；没有公车，只有水上巴士；没有救火车，只有救火快艇。只可惜，海

面不停上升，威尼斯不停没入水中。

我们无法拆掉威尼斯，拿去别的地方重新组合起来，但是许多户外博物馆的确是把别的地方的建筑拆掉，拿到某地组合所建成的，以展示某个时代或某个地区的日常生活。1891年，第一座这种类型的博物馆出现在瑞典的斯坎森，所以这种博物馆通称为斯坎森式博物馆。

美国弗吉尼亚州的威廉斯堡，仿佛是一个冻结在古代的小镇。19世纪初期，当地人拆掉现代建筑，改建成老式建筑，已毁的老建筑也重新建起来，如今这儿看来就像它在18世纪美国独立战争时期的样子。这种地方（全世界并不多见）雇用一批人，穿上古代的服装，从事古老的行业，呈现出特定年代的生活起居。

西方国家的重工业机构，如矿坑、铁工厂等，关门歇业后，常变成博物馆。比如英格兰什罗普郡科尔布鲁克代尔铁桥峡的工业博物馆、德国法兰克福的罗索玄博物馆等。

英国以外的许多国家，把美术馆也称为博物馆，像美国的古根汉姆博物馆和盖蒂博物馆，比利时布鲁日的葛洛林博物馆等，都展示美术作品。但是，法国安杰斯有一个美术馆，连英国人都承认，称它为博物馆也没错。法国雕刻家大卫·昂热死后，把所有素描、笔记、模型、工具等捐给故乡，走访这座昂热博物馆，就能理解这位雕刻大师的生平和杰作。

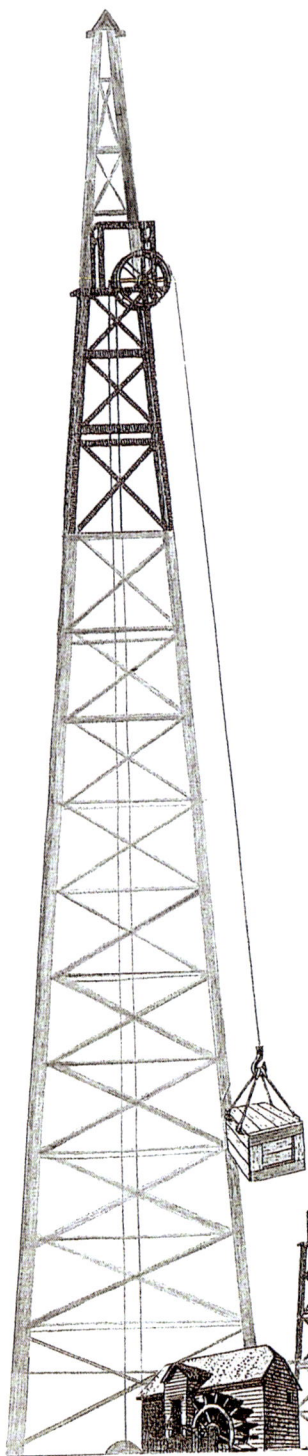

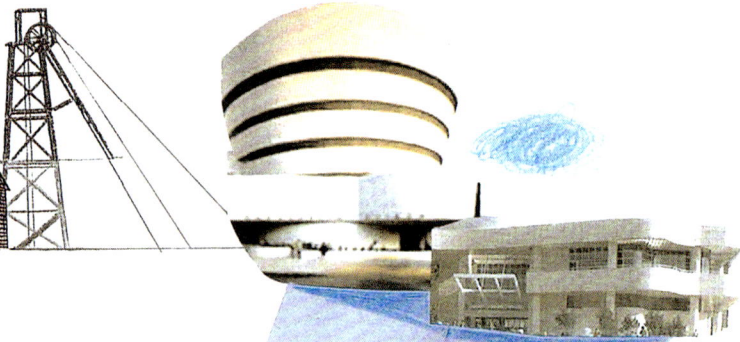

打开一本辞典，你等于进入了"字"的博物馆。辞典中的某些字被标为"古体字"，那表示现代人已经不用了，只有古书或"字的博物馆"里有这个字。"罕用字"指这个字快要没人用了，你要是不快用它，它会像渡渡鸟一样灭绝，快用它，说不定来得及救它！成年人逛博物馆，看见他们用过的照相机、发条玩具、电话、校车等，可能让他们觉得自己也过时了。语言比用品淘汰得更快！请你想想，有没有什么字词，你过去用过，但现在已经不用了？

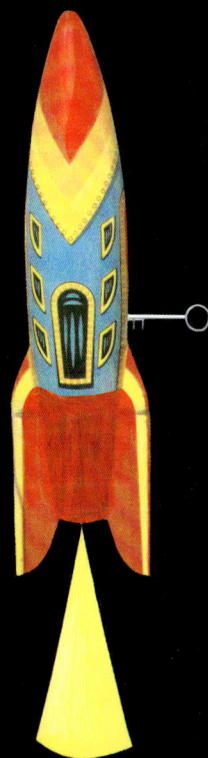

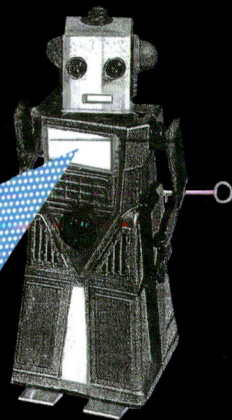

a
b
C
D
e
f
g
h
i
J
K
L
m
N
O
p
q
R
s
t
U
V
w
X
y
z

# 第六章

　　彼得大帝的孙女凯萨琳女皇也是收藏家，她主要收藏艺术品。她在圣彼得堡建了一座艾尔米塔什博物馆，安放她买来的几百幅画，如今该馆已有三百万件收藏品。

　　凯萨琳女皇不像彼得大帝那么狂热于收藏。她知道，一个盒子，乃至一个皇宫，装不下整个世界。人们的观念和彼得时代不同了：珍奇室或许有趣，没有太大的教育意义。

　　科学家指出，想从大批收藏品中看出名堂，必须分门别类，研究一组植物、动物或化石和另一组植物、动物或化石有什么关系，这就叫"分类"。

　　瑞典学者卡尔·冯·林奈发明"双名法"，为动植物分类。约一百年后，丹麦学者维德尔·西蒙森，把史前时代分为石器、青铜器、铁器三期，这种分类便于开展考古学的研究。

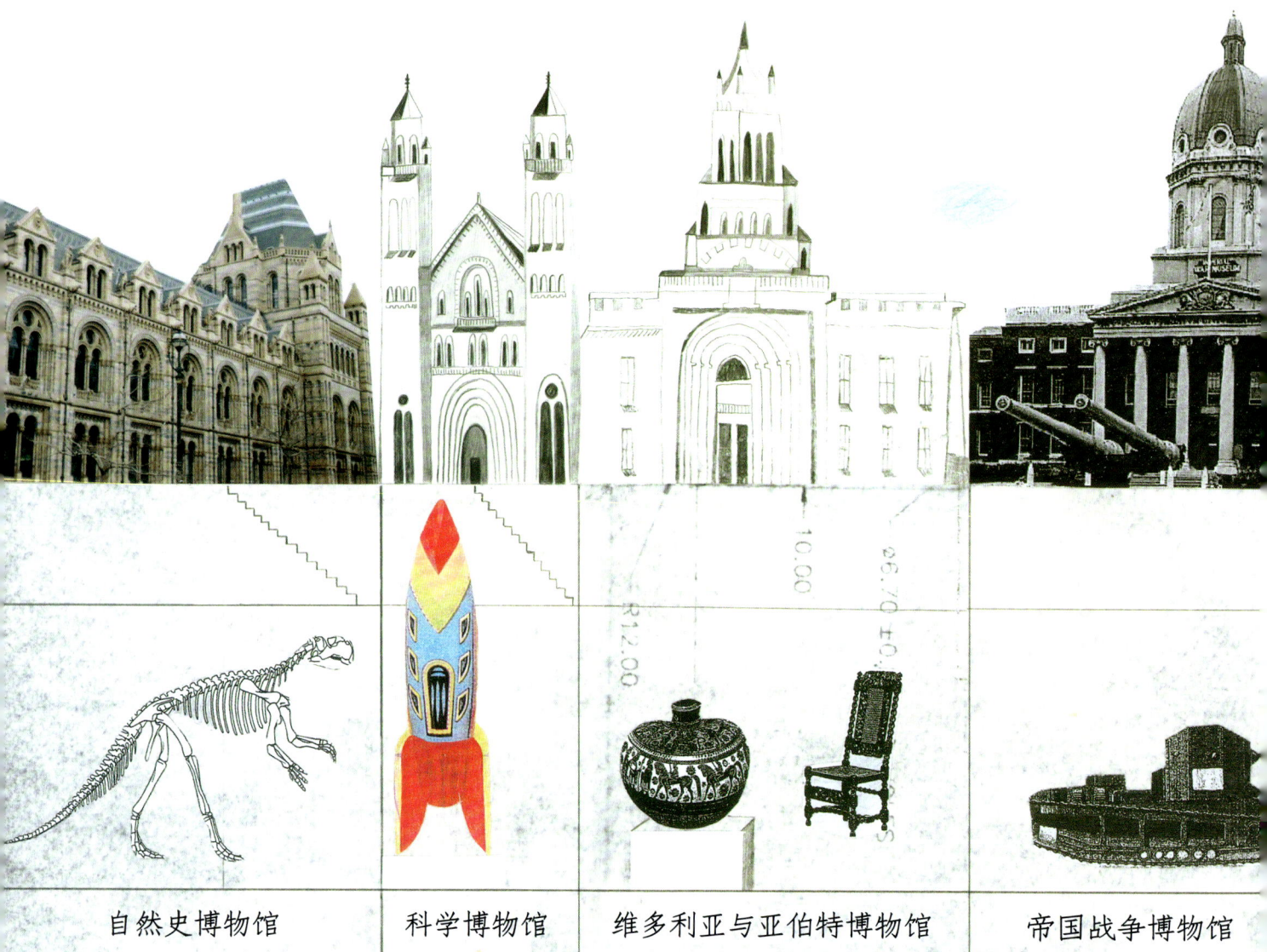

| | | | |
|---|---|---|---|
| 自然史博物馆 | 科学博物馆 | 维多利亚与亚伯特博物馆 | 帝国战争博物馆 |

19世纪末，人们理解到，别说一个房间，就算一座博物馆，也装不下全世界。英国伦敦的大英博物馆，把馆内所有自然史收藏品，如恐龙、石头、动物标本等，移往在南肯辛顿区新建的自然史博物馆（造型像哥特式教堂，不像希腊神殿）。该馆后方有一座科学博物馆，对街的维多利亚与亚伯特博物馆展示服装、家具、陶器等艺术品。

有些博物馆以主题展示室展示某类东西，如鱼类、武器、木乃伊、炖锅等。但是，有些主题，需要用一整个博物馆去展示。如果你对军事史有兴趣，该去参观巴黎的荣军院、伦敦的帝国战争博物馆、美国宾州的葛底斯堡等。

| 荣军院 | 钟表博物馆 | 交通博物馆 | 牛仔博物馆 |

世界上有许多主题博物馆，如钟表博物馆、交通博物馆、农业博物馆、蜡像博物馆（加拿大魁北克的蒙马特蜡像馆，非常恐怖）、陶器博物馆、牛仔博物馆、电脑博物馆、医药博物馆等。光是伦敦，就有二十一座，包括彼得大帝那种恋牙狂最爱的牙医博物馆。

有没有博物馆，什么东西都有一些，就像你在第一章误闯进去的那座？

有。其实，多数博物馆都是那样，说不定其中一座离你家不远。它不会有一大堆来自远方的怪东西，而是呈现社区文化的地方博物馆。如果馆内有一只两个头的羊，这只羊一定是土生土长的本地羊。

31

如果你拥有稀奇珍贵的收藏品，你可以把你的宝贝藏起来，四下无人时，望着它傻笑。你也可以卖朋友面子，借他看，让他过瘾。但是，你也可以公诸于世，让所有人都来欣赏。

有些人真的把宝贝藏起来，比如说，买了超级昂贵的名画，把它锁在银行的地窖式金库里。但是，有了博物馆后，公开让大众欣赏，或许才是最聪明的做法。

英国出现第一座博物馆的时候，参观博物馆并不容易。你得事先预约，在雨中晃来晃去，等时间到了，再由一位表达力不佳的导游，带着你在展览室之间赶场——令你觉得，早知道就不麻烦他了。许多收藏家认为，普通民众看不懂他们的收藏品，也不会有兴趣，只有特别聪明的人，才能看出学问。很久很久之后，大家才接受这个观念：任何人都可以到博物馆学习，博物馆应该让数以百万计的民众都想逛。

最早认真思考这个问题的人，是奥格斯特·亨利·兰·福克斯·皮特·里弗斯中将，他也是皮特·里弗斯五世男爵。他的名字很奇特，年轻时只是一位普通的英国军官，工作是测试新来福枪。为了研究武器，他搜集枪械，越集越多之后，就效法伊利斯·阿什莫林，捐给牛津大学。如今，以皮特·里弗斯命名的博物馆内，除了陈列他的收藏品外，还有大量探

2分钟导览

险家库克船长等人所收藏的珍品。这个博物馆是一个装满宝贝的超级珍奇室，其中某个玻璃柜中的人头干，可说举世闻名。

皮特·里弗斯认为，大英博物馆只适合学者去做研究，便建了一座适合一般民众去的博物馆。

他也是第一位专业的考古学家，他小心翼翼地挖掘遗址，寻找线索，不像那些寻宝者用锄头、铲子乱挖，错过了那些看来像垃圾、其实很有考古价值的文物。他在英格兰南部挖掘自己的私有地，也在那儿建博物馆，因为他的信念是：在历史发生处，突显历史的意义。

# 第七章

　　大型博物馆很少"在历史发生处，突显历史意义"。美国人很有钱，他们从外国买下他们要的东西，放进博物馆。但是，在英、法这些曾经侵略外国的国家，大型博物馆内有许多收藏品，是在外地打仗时抢来的或偷来的。欧洲人讨厌美国人花钱买走他们的收藏品，却不想想，他们自己做过更过分的事。

　　1816年，英国的埃尔金勋爵从希腊雅典一座山丘上的巴特农神殿遗迹挖走一批大理石雕刻。这批被称为"埃尔金大理石"的浮雕，最后放在大英博物馆的仿希腊神殿内。希腊要求英国归还，英国不肯，理由是，要不是大英博物馆费心照顾，那些杰作早就剥落破碎了。这个理由或许成立，但是，希腊人还是认为，把希腊的雕刻放回希腊，更有历史意义。

距离伦敦1448千米远

许多博物馆喜欢展示人类的遗骸。现代埃及人没有抗议博物馆展出木乃伊（古埃及人几千年前做过防腐处理的尸体），现代南美人没有抗议牛津大学的皮特·里弗斯博物馆展出南美土著的人头干，但是，澳洲的原住民和新西兰的毛利族站出来，要求博物馆归还其祖先遗骸，反对博物馆继续公开展示，认为那是侮辱。

古人长途跋涉，辛苦地把尸体放在古丘、金字塔、洞窟里，是希望死者安息，不受打扰。如果他们知道，那些尸体被放在玻璃柜里，任由游客排队欣赏，恐怕会当场昏倒！

许多博物馆展示模型，而且承认那是模型，但是有些展示品是假货，就像乔叟描写过的假圣物。

有名的伊特鲁里亚夫妇像（古罗马时期）展出多年后，才有人发现那是19世纪制作的赝品。至今还有许多地方展示人鱼，现代人知道那是假的，但是古人相信世界上有人鱼，当时那些人鱼标本必定看起来很像真的（虽然眼前的人鱼没有传说中那么漂亮）。水手知道陆地上的"旱鸭子"什么都肯信，便把猴子和鱼尾拼凑成人鱼来卖。

皮尔当人头骨化石，也是很有名的假货。学者曾以为它填补了猿类过渡到人类这段演化史上"失去的连结"，称之为共同的祖先。后来用碳十四检验，才知道那是人类头盖骨和猩猩颚骨拼成的。许多科学家受骗了好几十年，至今不知道是谁在搞鬼。

## 有名的假货

# 第八章

记得你进博物馆躲雨时，接待员说了什么吗？库存品可能是展示品的好几百倍。

那么多库存品有什么用？可不可以扔掉？

博物馆的馆长、研究员、管理员，恐怕都不愿意扔。即使这些东西现在没用，未来可能有用。

有一年，阿什莫林博物馆大扫除，大家觉得不完整的渡渡鸟标本根本没有用，该丢进火中烧掉，幸好最后关头改变主意，保留下来。渡渡鸟这种不会飞的大鸟，已经绝种了，牛津大学的自然史博物馆里，仍可看到重建的渡渡鸟外貌。

物种随时在绝灭，越来越快，并且越来越多。许多珍奇柜内的标本，在世界上已经没有活的了。采集鸟蛋或蝴蝶标本，曾是民众的嗜好，现在许多国家已经禁止这种行为了，只剩少数人仍然沉迷。不过，博物馆累积了多年搜集来的几千个鸟蛋、几千只蝴蝶，我们可以随时去观察、学习。

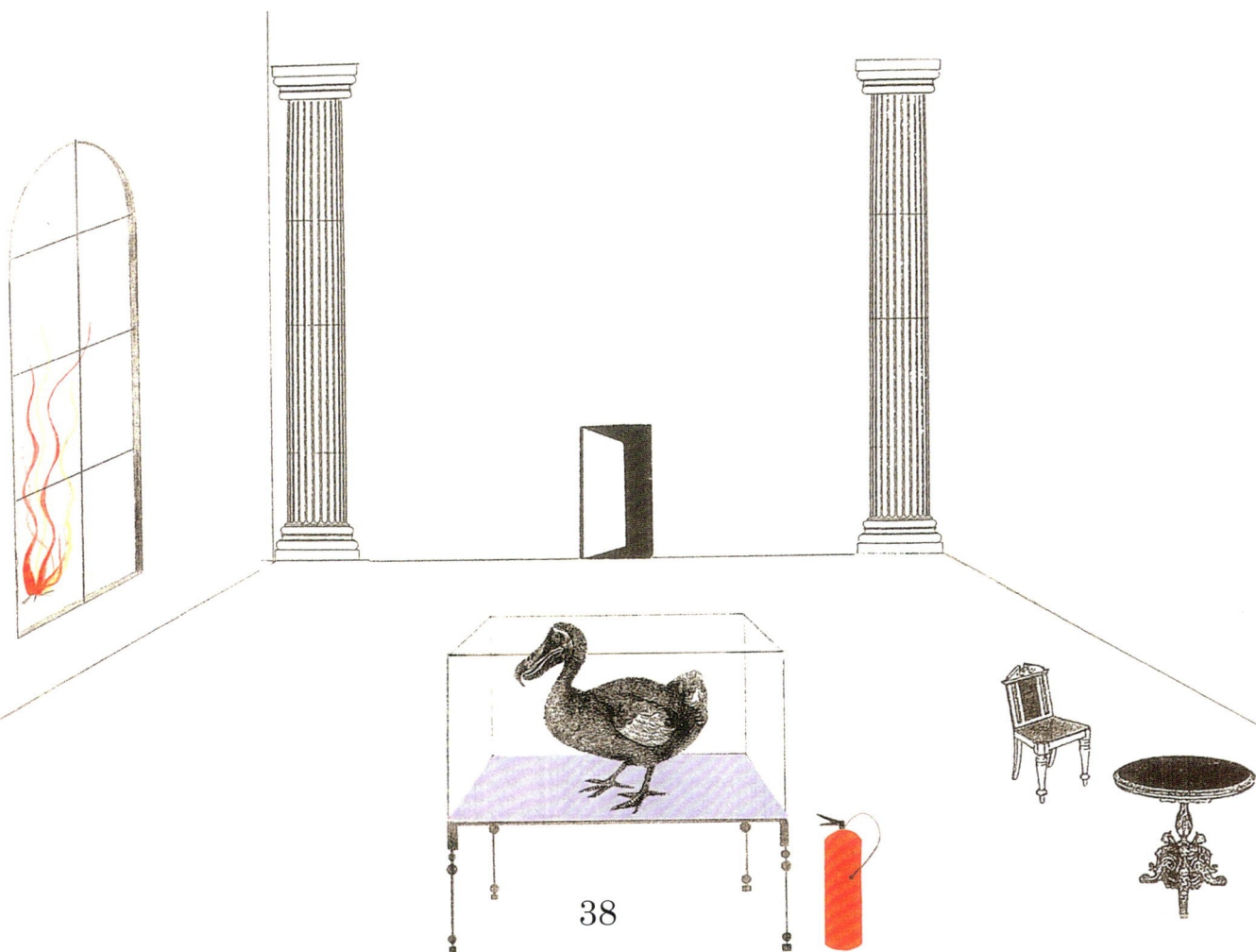

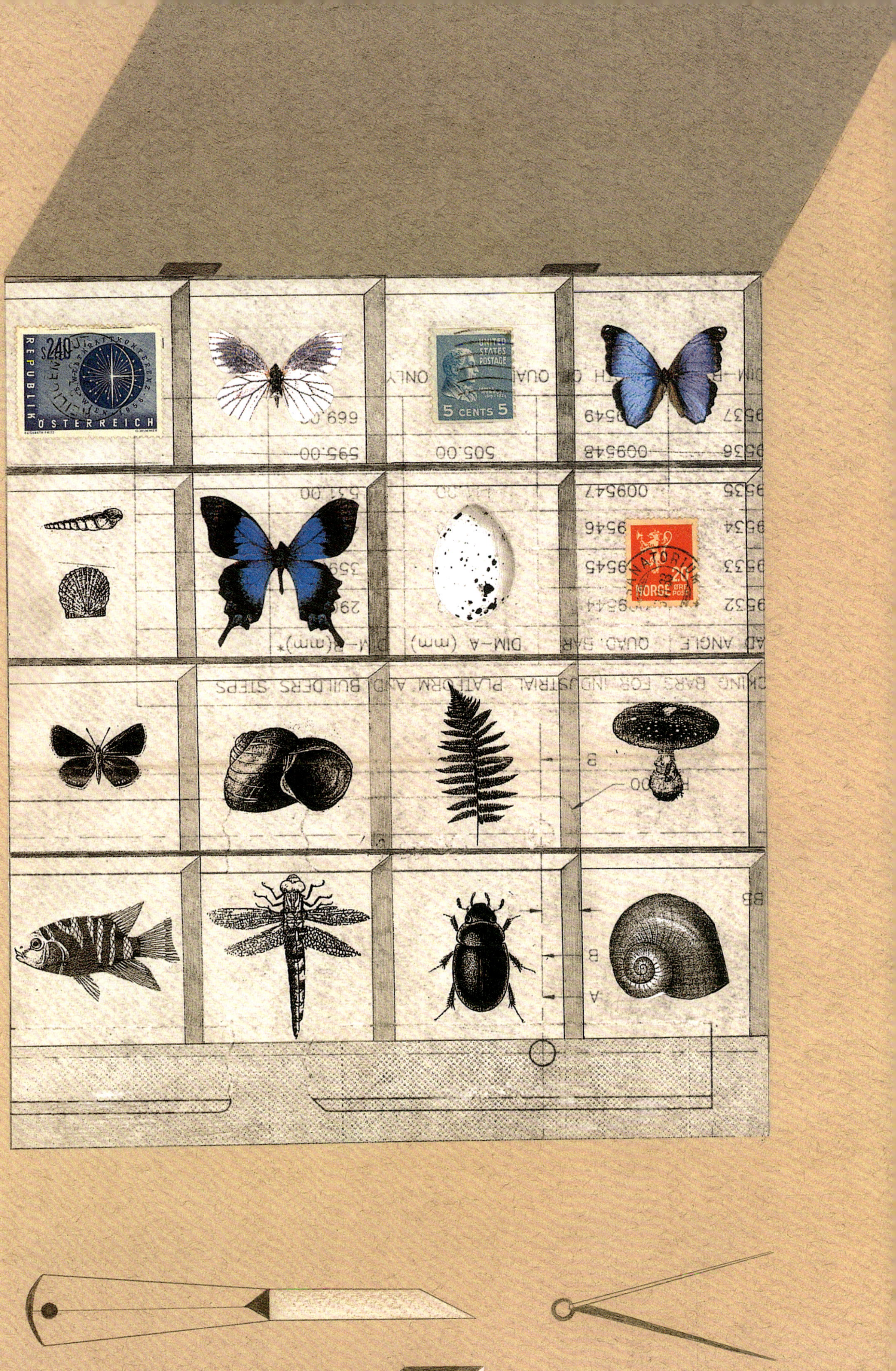

REPUBLIK ÖSTERREICH
UNITED STATES POSTAGE
5 CENTS 5
NORGE

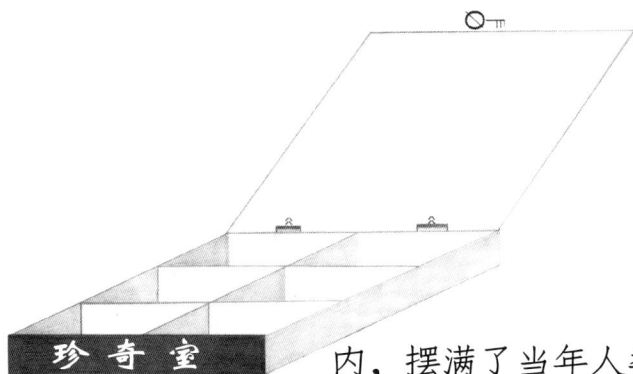

珍奇柜、**珍奇室**内，摆满了当年人类不了解、不认得的东西。只要东西安全地储存在博物馆里，总有一天，人类的知识长进了，就能明白真相。

以独角兽的角为例，古人听说有种动物（可能是犀牛）只有一只角，但是从来没见过，不知它的角是长在鼻子上，就想象单独一只角长在头骨上的样子，发明了奇妙的独角兽。动物的角大都成双成对出现，单一的、象牙色的、螺旋状的长角，很容易被视为独角兽的角，后来人们才知道，那是一种类似海豚的北极角鲸的角。

龙牙是疣猪的长牙。

蛇舌是菊石贝的化石。

蟾蜍石呢？只是石头，和蟾蜍没关系。

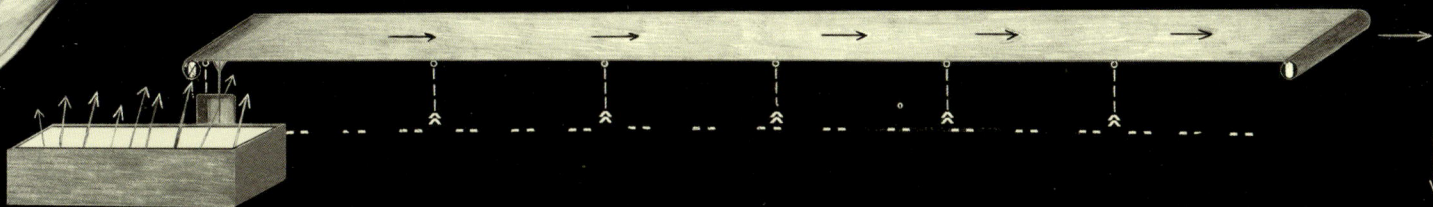

独角兽的角，并不是骗局，在当时算是很有道理的推测。古生物学家第一次根据骨骼化石拼凑恐龙的长相时，画出一种非常奇怪的动物（不过，恐龙本来就长得很奇怪啦）。我们向来不知道，真正的恐龙是什么样子，所以想象不停在变。电视节目中的恐龙，皮肤明亮光滑，其实没有人知道那样对不对，因为这些都是我们凭着化石（已经变成石头的骨头）来猜的。

古人固然搞不清楚珍奇柜里的东西是什么，现代人同样得不停学习。博物馆的馆长、研究员、管理员，以及收藏家，拥有共同的信念：即使不知道那是什么，只要有趣，就要保存起来。总有一天，有人会弄明白那是什么，真相大白时，说不定我们已经死了，重点是，弄明白的那个人一定会出现。

从前，石头从天上掉下来的时候，人们觉得，那是天神宙斯丢掷闪电到人间，不觉得那和划过夜空的光芒有关系。

现在我们知道了，外太空的碎片进入地球的大气层后，燃烧起来，成为流星，没烧完的部分掉落地球表面，就是陨石。从前，有人在田野里发现一些小箭头，认为那是精灵的杰作，称之为"小精灵箭头"。其实，那是石器时代的人类打造的，古人不懂什么石器时代，就推给无辜的小精灵。

博物馆常常经费不足、空间不足，但是收藏品依然越来越多。

如果你是一个收藏家，安排空间安置收藏品是个大问题。邮票、明信片、水果标签等，很好解决，放进资料夹就行了，立体的东西很占空间，就麻烦了。你的家人可能不希望你收藏立体的东西，因为那会积灰尘，你自己也可能厌烦，只是已经投入太多精力和金钱，无法放弃。如果你搜集汽车，问题就更大了，除非你跟英国博利厄的蒙塔古勋爵一样，拥有自己的汽车博物馆。

包括你在内，所有人都是收藏家，我们把见过、听过、闻过、尝过、摸过的事情，都收藏在脑子里。大部分发生过的事情，都存在你的脑子的深处，就像存在博物馆的仓库，需要的时候，相当多仍能派上用场。你想展示的时候，随时可以拿出来展示；你想在仓库里散步，逛多久都可以。年纪大了以后，许多你从前不懂、暂时搁置的事，忽然开始有意义，现在你知道它们是什么了，就把它们从地下室拿出来。

记得缪斯女神的母亲谟涅摩叙涅吗？她是记忆女神。记忆就是你的博物馆、你的珍奇柜、你的珍奇室。记忆永远装不满，永远都放得下新东西、怪东西、美妙的东西，而且永远不必清理灰尘。

你活多久，记忆就活多久。别人不能走进你的记忆四下游览，你却可以拿出你的收藏品，与人分享，告诉别人你知道什么。

你随时都在收藏，想停也停不了。

妈咪　婴儿床　猫咪

星期六　擦鞋垫　球　不要

好　　　　　　　　　　　　坏

牙齿　　　　　　　　　房子

鞋子　　　　　　　　　秋千

苹果　　　　　月亮　太阳

星辰　走路　　　跑步　白雪

花朵　船只　晚餐　书本　图画

歌曲　故事　朋友　花园　公园　街道

商店　学校　幼虫　电视　音乐　飞机

收音机　血液　骨头　心脏　思想　绘画

汽车　电力　剧院　地图　算术　上帝

谎言　死亡　真相　骨骼　恐龙　猩猩　字典

鬼魂　录音机　交响乐团　语言　歌剧　代数　物理　地质学

历史　逻辑　生物　化学　三角函数　考古学　古生物学　天文学

纳米科技　偏执　单色　树胶　苋菜　松香　迷宫　合成

突触　药典　十二面体　明暗对照法　黑曜石　闪电熔岩　主张政教分离

夸克　幻景　人工智慧　欧姆　暴民政治　微不足道的事物

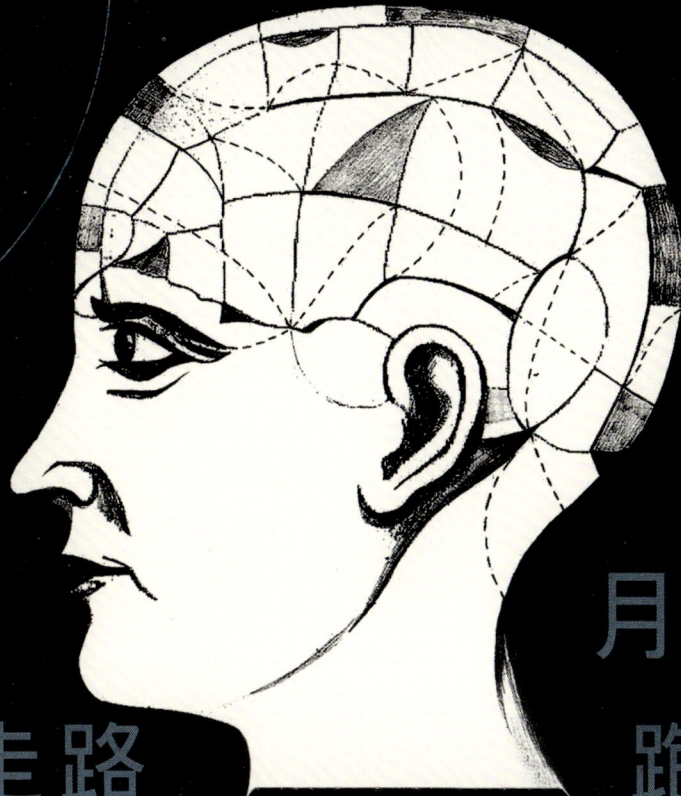

43

# 词汇

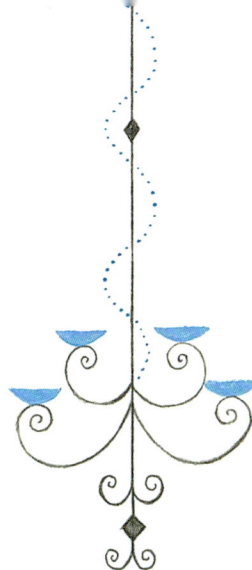

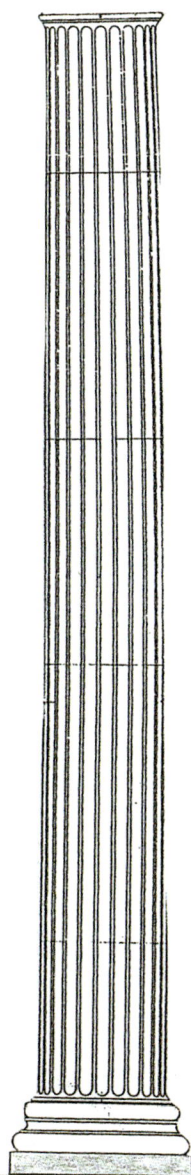

# 索引

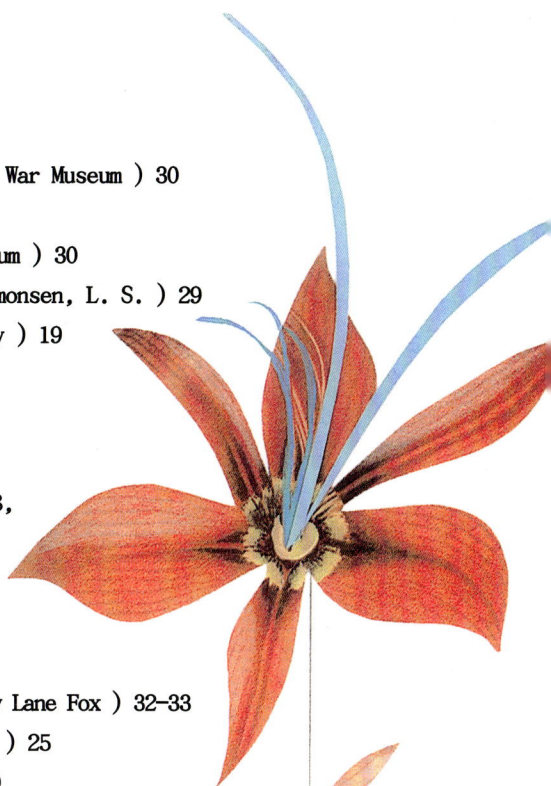